L'ADRESSE

DU CORPS LÉGISLATIF

L'ADRESSE

DU

CORPS LÉGISLATIF

PAR

MAURICE JOLY

AVOCAT

<hr>

PARIS

H. DUMINERAY, ÉDITEUR

78, RUE RICHELIEU

1861

I

Quelques jours à peine nous séparent de l'ouverture de la session,
c'est-à-dire du moment où le Corps législatif assemblé va être admis
à voter une adresse en réponse au discours de la Couronne.

Il est impossible que ce moment ne soit pas attendu par le
public avec un immense intérêt : la question que tout le monde se
pose naturellement, c'est de savoir quel sera en cette circonstance
le langage du Corps législatif.

Quelles opinions, quels vœux émettra-t-il ? Comment appréciera-
t-il la politique générale du gouvernement ? Enfin quel sera son
jugement sur les douze ans de règne qui viennent de s'écouler ?

C'est là ce que je voudrais examiner brièvement. L'adresse qui
sera votée ne comporte pas, je le sais, une solution directe à toutes
ces questions ; mais elle les implique nécessairement toutes et il
faudra bien que le Corps législatif y réponde à travers les formes
de langage parlementaire, car c'est là en définitive ce qu'on attend ;
il ne saurait oublier que la France tout entière a les yeux sur lui
et que certaines voix peu rassurées sur son indépendance sont allé

jusqu'à demander sa dissolution ; c'est à lui de montrer par son attitude qu'il mérite toute la confiance du pays et qu'il est bien réellement à la hauteur des événements imprévus qui viennent de s'accomplir dans le régime intérieur de la France.

Peut-être le public ne se rend-il pas un compte bien exact de la haute importance politique du droit d'adresse qui vient d'être accordé à la Chambre et de la signification exceptionnelle qu'emprunte aux circonstances ce retour aux anciennes habitudes parlementaires.

Ce n'est ni plus ni moins au fond qu'un appel au jugement de la nation par l'organe de ses représentants.

On va le comprendre :

Depuis 1815 jusqu'en 1851, la France n'avait pas cessé, en somme, de vivre sous le régime de la liberté ; on peut dire que sous ce rapport les révolutions de 1830 et 1848 n'ont été que des procès de tendance faits à la royauté.

Après quarante ans d'existence libérale et constitutionnelle, voici qu'au sortir d'une crise politique un nouveau gouvernement se lève en face du pays avec un programme diamétralement opposé à ceux des gouvernements qui l'avaient précédé, rompant pour ainsi dire en visière à toutes les habitudes que la France avait contractées depuis la Restauration.

Que cette nouvelle métamorphose politique ait été le salut de la France, qu'elle ait permis de dompter l'anarchie, de comprimer des factions sans frein et finalement de rasseoir l'ordre social, ce n'est pas ce qu'il s'agit de méconnaître ; aucun homme sincère ne niera de tels services ; mais il n'en est pas moins vrai que cette situation nouvelle faisait violence aux mœurs et aux instincts de la France ; on ne rompt pas du jour au lendemain avec un demi-siècle sans apporter une altération profonde à la vitalité d'une nation. Le pays ne s'est pas plaint toutefois, il avait acclamé l'Empire, il l'a laissé régner pendant douze ans, mais il l'a laissé régner en silence.

Il n'y a que les panégyristes auxquels le sens politique est aussi étranger que la conscience pour avoir pu soutenir que c'était là le signe infaillible du bonheur et de la prospérité générales.

Le gouvernement lui ne s'y est pas trompé ; le silence des peuples est plein de sombres mystères ; quel est l'homme d'État qui osera jamais s'y fier ?

Grave leçon que celle qui est donnée aujourd'hui ; maître de conserver toute l'étendue de son pouvoir, l'Empereur s'est hâté d'en déposer une partie. Un coup d'État nous avait enlevé la liberté, un coup d'État nous la rend.

C'est qu'à l'aide de cette liberté qui seule peut éclairer un avenir obscur encore, l'Empereur a voulu pénétrer ce qu'il y avait au fond du pays ; ses intérêts les plus impérieux l'obligeaient à chercher la vérité ; il a voulu savoir comment on jugeait son règne, son génie, sa politique. Las des panégyristes officiels, il a voulu entendre des voix libres ; il a voulu savoir enfin quels éléments de stabilité pouvait présenter sa dynastie sur ce sable mouvant où nul gouvernement n'a pu prendre racine depuis la Révolution.

La manière la plus naturelle de connaître l'opinion du pays c'était d'admettre le Corps législatif à exprimer ses vœux dans une adresse ; c'est ce qu'a fait le décret du 24 novembre.

Quelle sera donc l'opinion du Corps législatif sur l'ensemble de la situation politique ? Que pensera, que dira cet interprète de la pensée publique ?

Il ne saurait être interdit de former quelques conjectures à cet égard ; c'est ce que nous ferons ; mais les moments qui nous restent sont trop courts pour généraliser cet examen,

Je me bornerai à envisager les trois questions qui dominent les préoccupations publiques :

La liberté de la Presse ;

La politique du gouvernement à l'égard de l'Italie ;

La question de la décentralisation.

— Et j'essaierai de rechercher quelle pourra être, sur ces trois questions capitales, l'opinion du Corps législatif. Dans le vaste cercle qu'elles forment, elles confinent d'ailleurs tous les points tant de la politique extérieure que de la politique intérieure ; à peine, dès lors, est-il besoin de dire que nous ne ferons qu'indiquer les plus essentielles.

Une adresse est fort concise aussi ; c'est pourquoi celle du Corps législatif doit au moins se prononcer clairement sur les trois points dont il s'agit ; autrement, il faillirait à la double mission qui lui est confiée et par le pays et par l'Empereur.

La France va savoir enfin s'il y a quelque haute intelligence politique au sein de cette assemblée, ou si une triste et aveugle majorité est appelée à faire prévaloir les préjugés fatals qui ont mis la civisation française hors de ses voies depuis cinquante ans. — Le moment est solennel.

II

Occupons-nous d'abord de la Presse, puisque les intérêts qui la concernent ont été réveillés par le décret du 24 novembre, et que cette question se trouvé élevée à la hauteur d'une question d'État.

Il ne faut pas s'étonner de l'importance que la Presse a opiniâtrément conservée sous tous les régimes ; nous sommes en démocratie, dit-on ; eh bien ! la Presse c'est la place publique ; il n'y a chez nous ni Forum, comme chez les Romains, où le peuple s'entretient des affaires de l'État, ni clubs, comme chez les Anglais, où puisse se faire l'initiation politique ; voilà pourquoi la liberté de la Presse est si indispensable chez nous ; elle remplace tout ce qui nous manque.

J'ajoute, à titre d'observation et non pas de critique, que sous une forme de gouvernement comme celle qui nous régit actuellement, la liberté de la Presse est réclamée par les intérêts de l'ordre le plus élevé ; car s'il est un régime où elle soit nécessaire, c'est dans un système de gouvernement qui n'a pas de contre-poids.

Les gouvernements constitutionnels pourraient s'en passer peut-être ; mais nul pays ne peut impunément se passer de son contrôle quand tous les pouvoirs, toutes les forces de l'État sont aux mains d'un seul. Autrement un État monarchique ne serait qu'une autocratie à la façon du Grand-Seigneur.

Eh bien ! malgré ces considérations importantes et bien d'autres, qui militent en faveur de la liberté de la Presse, il est douteux que le Corps législatif s'émeuve de la situation qui lui est faite ; il se réglera probablement, à cet égard, sur les dispositions de l'esprit public.

Or, l'opinion publique est parfaitement indifférente sur le sort de la Presse ; elle la juge, non sur les services qu'elle pourrait rendre, mais sur les maux qu'elle a causés ; elle a tort de négliger l'instrument, mais ses griefs sont si terribles que l'on comprend son indifférence, que l'on comprendrait sa haine.

La Presse, depuis cinquante ans, n'a pas été un seul jour ce qu'elle devait être ; elle a méconnu son mandat, elle a manqué à tous ses devoirs.

Voyons d'abord les faits : — elle a renversé, en moins de trente ans, trois monarchies, *des monarchies constitutionnelles ;* sous tous les régimes elle a fait des barricades, et l'on a vu, dans les derniers jours de la monarchie de Juillet, ce monstrueux exemple d'immoralité politique d'un journal qui, en face d'un gouvernement établi, déployait ouvertement le drapeau de l'insurrection et appelait les émeutiers dans la rue. Devant quelle chose sacrée pourrait donc s'arrêter les égarements du peuple depuis qu'il a vu ceux qui s'étaient chargés de l'éclairer et de le conduire se jouer ainsi des constitutions !

Pendant la durée de son règne la Presse a-t-elle eu une seule idée, grande, généreuse, conservatrice? on a pu en juger par les hommes qu'elle faisait arriver au pouvoir. Qui croira que dans ce grand et noble pays il n'y en ait pas eu de plus capables que ceux qui conduisaient nos affaires! Mais ce n'étaient pas ceux-là que patronnait le journalisme; il lui fallait des polémistes et non des hommes d'État, il faisait arriver au pouvoir ceux qui avaient donné les plus rudes coups de plume dans les batailles à coup d'écritoire contre le gouvernement... Cela suffit, car je n'entends pas faire un pamphlet.

Je ne suis pas de ces hommes qui attaquent la Presse et qui en vivent, j'ai conclu en faveur de sa liberté, bien que je n'ignore pas l'usage qu'elle en a fait; je crois qu'elle doit être libre, parce qu'elle peut être appelée à rendre les plus grands services au pays ; mais je m'empresse d'ajouter qu'elle n'en rendra aucun tant qu'elle restera organisée comme elle est.

Qu'est-ce donc qu'une Presse dont chaque organe représente un parti, une théorie gouvernementale, un système politique exclusif après soixante ans de révolution? C'est l'anarchie organisée au sein du pays ; ce sont autant de factions réfugiées derrière un drapeau jusqu'à ce qu'elles descendent dans la rue ; je comprends des journaux wighs, tories, conservateurs, progressistes, ce sont des nuances dans une même teinte, des éléments divers de la même force ; mais je ne vois plus que vertige et chaos dans un pays où les divers journaux ont chacun dans leur poche une constitution, où l'un parle au nom de la branche cadette, l'autre au nom de la branche aînée, celui-ci pour la République, celui-là pour la monarchie ; ce ne sont pas là des nuances d'opinion commune ; ce sont des principes contraires qui doivent se combattre à mort tant qu'ils se trouveront en présence. Où est donc le pays dans tout cela? On le cherche et on ne le trouve pas ; si par malheur il est aussi divisé que la Presse, qui a la prétention de le représenter, ce n'est pas faire acte de patriotisme et de moralité que de contribuer à maintenir un tel état de choses ; bien plus, les partis s'effaceraient inévitablement d'eux-mêmes s'ils étaient abandonnés à leur pente : la Presse empêche leur dissolution en leur ouvrant autant de camps retranchés où leur force s'organise et se reconstitue. Notre temps doit être celui de la conciliation, le journalisme a semé partout les divisions et la controverse ; il a si bien confondu les idées et les principes, le juste avec l'injuste, le mensonge et la vérité ; il a tellement commenté, analysé, discuté sur tout et contre tout, qu'il n'est pas possible à l'homme simple qui lit les journaux de se former une opinion ; et c'est si vrai, que le pays, à l'heure qu'il est, en présence des graves événements dont l'Europe et la France sont le théâtre, le pays n'a pas une idée commune.

Au point de vue politique, cette décomposition est effrayante.

Voyons du moins si, au point de vue social, la Presse a mieux répondu à sa mission. A-t-elle moralisé, épuré, instruit les masses? Son organisation est-elle du moins favorable au progrès? — Elle en est au contraire la négation la plus formelle. Dans l'ordre politique nous avons vu qu'elle éternisait les partis au lieu de les rapprocher ; dans l'ordre moral, elle éternise les erreurs et les préjugés en perpétuant dans la carrière du journalisme les hommes auxquels on est habitué à entendre dire les mêmes choses depuis vingt ans ; du noble état de publiciste elle a fait un métier, elle a organisé une bureaucratie d'écrivains, bureaucratie plus routinière, plus

tracassière, plus impuissante que celle de l'administration ; enfin
elle a gagé des écrivains à l'année pour dire et pour penser toujours
la même chose, chacun dans son genre ; c'est une servitude, une
glèbe qui tue et démoralise tout ce qui tient une plume. Quoi !
vous nous présentez des hommes usés, vieillis, blanchis sous le
harnais du journalisme, et vous prétendez suivre avec eux le mouvement de votre époque ; c'est impossible ; vous refoulez sans cesse
la génération présente, celle qui a la passion et la force de la
vie politique ; il n'y a qu'à voir le nombre des hommes de talent
auxquels la Presse a donné le jour en ces derniers temps. Le
talent elle n'en veut pas, elle le repousse, elle le fausse, elle le
mutile, quand il se présente ; ce n'est pas l'originalité, la con-
ception et le style qui donnent accès dans le journalisme, c'est un
certain procédé, un certain faire, une certaine allure de con-
vention que l'opinion publique a flétrie sous un terme d'atelier
que je n'ai pas besoin de rappeler.

Il n'y a pas de place, si j'ose le dire, dans la Presse pour un
homme qui ne veut se ranger sous aucune bannière et qui n'ac-
cepte pas *a priori* les opinions de tel ou tel journal ; il faut faire
sa profession de foi pour toujours avant de franchir le cercle fatal
de cet enfer : enfer, en vérité, où des hommes sont condamnés à
user leur esprit et leur âme à trouver d'éternels arguments en
faveur des idées qu'ils sont chargés de défendre, même quand elles
sont démenties par les faits ou qu'elles succombent, dans leur
esprit, devant de nouvelles convictions. On sait par quelles épreu-
ves passent les écrivains qui débutent dans le journalisme ; leurs
articles ne parviennent jamais à avoir la couleur du journal ;
ils sont ou trop longs ou trop courts, ou trop chauds ou trop froids ;
il faut rogner par ci, ajouter par là, atténuer, renforcer ; bien
habile celui qui parviendra, après tant de ciselures, à introduire
son article ! c'est véritablement le lit de Procuste qu'une Presse
ainsi organisée ; elle déprime toute vigueur, elle efface toute origi-

nalité ; on peut voir ce qui reste de ceux qui ont passé par ce terrible laminoir ; nul après cela n'est capable d'écrire un livre ; ces mêmes lignes qui paraissaient si brillantes encadrées dans un premier Paris, n'apparaissent plus que comme une froide et terne copie une fois transportées sur le livre.

L'espèce d'obligation que contractent les journaux français de représenter invariablement les mêmes idées, nous remplit d'un profond étonnement à l'égard des journaux anglais, quand nous les voyons se livrer à des soubresauts d'opinions qui démentent aujourd'hui ce qu'ils on dit la veille; c'est précisément là le signe le plus certain de leur excellente organisation. On ne paraît pas comprendre que ces journaux suivent ainsi le mouvement de l'esprit public qui se corrige et s'épure incessamment, tandis que les feuilles françaises, enchaînées par leurs principes, ne voient jamais les événements qu'à travers l'esprit de parti.

Mais examinons maintenant quelle a été l'influence littéraire de la Presse sur le public dans un pays qui, pendant dix siècles, a régné sans partage par les arts et par les lettres et resplendi sur le monde par la pureté et l'éclat de son goût.

A ce point de vue elle a eu un effet désastreux—elle a dégoûté à jamais le public des livres qui seuls contiennent le sens supérieur des idées ; elle a rendu inutiles les études sérieuses ; les connaissances les plus superficielles ne suffisent-elles pas pour juger souverainement des choses les plus graves? Quant au public, comme c'est actuellement la Presse qui joue son rôle, il a totalement abdiqué la critique qu'il avait jusqu'alors si brillamment exercée dans les lettres ; il ne se mêle plus de juger par lui-même les choses d'art ; à quoi bon! puisque la Presse est là pour lui dire ce qu'il en est. Il ne va voir une pièce de théâtre, il ne lit un livre que sur le signal qu'elle lui en donne ; la Presse se trouve ainsi en possession de faire le vide et le silence le plus absolu autour des hommes qui ne lui conviennent pas ; ce sont là des droits superbes, et elle en use !

Mais puisque la Presse exerce toute juridiction sur les arts et sur les lettres ; voyons l'usage qu'elle en a fait. Elle a été l'instrument des coteries ; prônant, sans nul souci de la vérité, les plus plats écrivains, les plus banals poètes, les ouvrages les plus dignes d'oubli ; complaisante aux médiocrités, elle est dure aux hommes de talent, ou quand elle daigne les louer c'est avec un ton de protection qui offense; elle a improvisé des célébrités littéraires et artistiques tellement ridicules que les étrangers qui ne sont pas dans le secret de nos mœurs bizarres vont s'inscrire en faux chez eux contre notre réputation d'atticisme.

Le public sait tout cela pourtant, mais son apathie est devenue telle, grâce à la corruption involontaire de la Presse, qu'il aime mieux vivre en satrape indolent que de se donner la peine de juger par lui-même les hommes et les choses. Rien de plus commode en effet, elle lui formule ses jugements, lui élabore ses idées, l'approvisionne sans cesse de mots, d'aphorismes, qui circulent ensuite dans la conversation comme de la monnaie. Cependant l'esprit français est plus fort que tout cela, on s'en apercevait au temps où il y avait plus de mœurs publiques, et peu ou point de gazettes.

Je ne veux pas parler du pacte de la Presse avec toutes les industries ; il y a des plaies auxquelles on ne peut pas toucher.

Je me résume : telle qu'elle est organisée, la Presse perpétue les factions, elle enraye le progrès, fausse l'opinion publique, décourage les hommes de talent, elle dégrade les lettres et fait descendre enfin le niveau général de la civilisation française.

Voilà pourquoi l'esprit public lui est hostile, voilà pourquoi le Corps législatif se préoccupera fort peu de son sort. Les premiers adoucissements apportés par le gouvernement au joug imposé à la Presse peuvent être regardés comme un moyen de tâter l'opinion à cet égard ; nul doute qu'il n'ouvrît une voie plus large si elle se prononçait par l'organe du Corps législatif ; mais elle ne se prononcera pas, car le pays entier se vengera par son silence de la servitude intellectuelle qui lui a été imposée par le journalisme. L'animosité du pays le trompe, croyons-nous, sur ses véritables intérêts; le remède doit être tout autre. — Quant à la Presse, il dépend d'elle de regagner dès à présent toutes les sympathies.

Qu'elle modifie son organisation, son esprit. Qu'elle ouvre ses portes aux hommes de talent qui n'ont jamais manqué en France ; qu'elle cherche non des hommes de parti, mais des hommes éclairés et sincères, enfin qu'elle fasse du journalisme ce qu'il doit être, une place publique où toutes les voix se fassent entendre, comme en Angleterre.

Mais ce sont là des conseils et peut-être il ne nous appartient pas d'en donner, il faut conclure; si tout ce que nous venons de dire est vrai, et nous le croyons, ce n'est pas assez de rendre aux journaux qui existent une liberté évidemment tempérée par les lois. Le monopole doit disparaître, il doit disparaître radicalement ; si vous voulez savoir ce que veut et ce que peut le pays, donnez-lui audience ; l'opinion saura bien reconnaître ceux qui méritent d'être écoutés ; disons-le franchement enfin, octroyer des concessions semblables, c'est mettre les journaux qui naîtraient à la discrétion du gouvernement, et faire suspecter par conséquent leur indépendance. Qu'on n'accorde plus de privilége ou qu'on en accorde à tout le monde; c'est le seul moyen d'être logique. — Mais nous sommes de ceux qui comptent non-seulement avec les idées, mais encore avec les faits. — Nous comprenons que les événements graves qui se passent en ce moment en Europe pourraient rendre inopportune la réforme radicale dont nous parlons. Toutefois elle n'en est pas moins dictée par une saine politique et elle reviendra à l'ordre du jour quand les complications de la politique extérieure seront dénouées.

III

Tous les regards sont fixés en ce moment du côté des Alpes. En présence des événements qui se préparent en Italie, il est presqu'impossible de ramener l'attention publique à d'autres objets ; rien de plus naturel, les peuples ont des instincts qui ne les trompent pas. La France sent très-bien que c'est une partie de ses destinées qui s'agite dans la Péninsule. Le calme qui précède les tempêtes pèse en ce moment sur l'Europe ; comme au début de la dernière campagne, on semble attendre d'un jour à l'autre l'étincelle qui amènera l'explosion ; mais la situation est autrement grave que l'année dernière. Les grandes puissances, surprises par la rapidité et le succès foudroyant de notre intervention, ont pu garder le silence, mais dans le secret de leur pensée elles ont rendu la France responsable de ce qui pourrait arriver par la suite. N'est-ce pas elle qui a posé, la première, la question d'Italie devant le congrès ? N'est-ce pas elle qui a soutenu le Piémont par sa diplomatie avant de l'appuyer par ses armes ? N'est-ce pas elle, enfin, qui jetant son épée dans la balance a d'un seul coup décidé le destin de la guerre en faveur du Piémont ?

A Dieu ne plaise que nous regrettions cette noble intervention si conforme au génie de la France et à sa grande politique ; mais, il faut en prévoir les conséquences et ne pas se dissimuler le danger.

Ceux qui ont traité de chimères les bruits de coalition qui se sont fait jour en ces derniers temps ne comptaient, on peut le dire, ni avec la logique des faits ni avec celle des principes. Comment ! quand de simples questions de prépondérance politique ont suffi pour mettre l'Europe en armes, on veut que des souverains menacés dans leur existence, niés dans leurs principes, ne songent pas à se liguer contre la puissance qui leur met tant de difficultés sur les bras ?

Il n'y a pas de patriotisme, il n'y a guère d'intelligence politique à soutenir de telles opinions. Si les États dont nous parlons ne songeaient pas à réunir leurs communs efforts pour réagir dans les circonstances actuelles, ils auraient perdu le sens. La résurrection de la nationalité Italienne ne fait-elle pas palpiter les membres de la Pologne, réveillant ainsi les terreurs des trois grandes puissances qui se la sont partagée ?

La France est seule de son avis au fond dans la question Italienne ; car qui voudra compter la Grande-Bretagne tour à tour favorable ou hostile, au gré de ses intérêts ?

Les vieilles monarchies dont le principe démocratique ébranle les trônes, nous reprochent de l'avoir déchaîné à leur porte. L'Autriche ne nous a pas pardonné l'inexécution du traité de Villa-franca, quel qu'ait été notre impuissance à le faire exécuter ; l'Allemagne nous voit toujours sur le Rhin, et pour savoir à quel point elle nous hait il suffit de traverser ce pays où des milliers de brochures vomissent chaque jour l'imprécation et l'outrage, tant contre la France que contre la personne de son souverain. La Prusse au moins nous est-elle plus sympathique ? On a pu le voir par le discours du roi Guillaume et mieux encore par l'adresse votée dans la chambre des Députés. Ils se sont prononcés hautement pour la réaction, exprimant toute leur aversion pour les maximes du droit nouveau, ce qui, en traversant le Piémont, allait à l'adresse de la France.

2

Telle est notre situation vis-à-vis des grandes puissances de l'Europe ; nous verrons au surplus, dans quelques mois, combien d'alliés pourra compter la France ; la perspective des désastres que doit entraîner une telle guerre est de nature, sans doute, à arrêter les cabinets étrangers ; mais pour qu'il en fût ainsi, il faudrait que la révolution Italienne s'arrêtât elle-même ; or elle ne fera que marcher en avant, elle le proclame tout haut.

Un homme, un seul, tient dans sa main l'outre d'Eole ; mais assis sur son rocher et pareil au destin, il reste insensible aux menaces et aux supplications qui s'élèvent jusqu'à lui.

Toute cette poésie épique ne s'explique que par une singulière faiblesse, ou tout au moins par une grande opposition de vues, de la part des grandes puissances de l'Europe. Quoi ! elles ne peuvent pas par un mutuel concert prévenir le conflit qui se prépare, et empêcher un homme qui pose pour la postérité de replonger l'Europe dans le chaos ! Je ne veux pas ressasser tout ce qui a été dit sur le droit des gens et le droit public ; je ne parle pas ici que pour la France ; les autres États engagés dans le conflit ne font pas de platonisme, comme on sait ; il s'agit de savoir quels sont les intérêts immédiats de la France dans les circonstances actuelles.

C'est évidemment dans ces termes précis que la question va se poser pour le Corps législatif.

La reconstitution de la nationalité Italienne est désormais un fait accompli ; il n'y a donc plus à discuter sur ce point ; la cause était juste et elle a triomphé ; mais jusqu'à quel point convient-il aux intérêts politiques de la France de laisser faire l'unification, de laisser attaquer Venise, de rompre des alliances à peine formées et de courir les chances d'une guerre générale ? Il y aurait de la témérité à se prononcer sur de telles questions ; on ne peut que les préciser.

Bien d'autres problèmes se lèvent à la suite de ceux-là : l'aban-

don complet du principe d'intervention, c'est l'évacuation de Rome, la chute du Souverain-Pontife, un schisme dans l'Eglise peut-être ; enfin favoriser la révolution Italienne, c'est pour la France se mettre tout à fait en face de la démocratie.

Cet ensemble de complications est effrayant. Avant que la guerre ne commençât, plus d'une voix officieuse s'est élevée pour avertir le gouvernement des écueils où il allait engager la fortune de la France.

Sait-on bien où l'on va? disait-on. C'est entrer dans le plus épouvantable chaos qui ait jamais bouleversé la société Européenne. Les actes du gouvernement français lui-même portèrent l'empreinte de ces irrésolutions et de ces angoisses. Il annonçait que l'Italie serait libre des Alpes à la mer Adriatique et il s'arrêtait à Villafranca ; il proclame le principe de non-intervention et il reste à Rome ; il soutient la politique du Piémont et il retire son ambassadeur de Turin ; il laisse tomber la Sicile aux mains de Garibaldi et il envoie sa flotte à Gaëte ; on le voit donc, il n'est guère possible de prendre au sérieux le principe de non-intervention ; il a été violé à peu près par toutes les parties belligérantes qui l'ont proclamé. Si ce principe, qui n'a même pas été observé fidèlement jusqu'ici, doit conduire à une guerre générale, on ne voit guère en définitive ce qu'il signifie.

On annonçait dernièrement que dans le projet d'adresse du Corps législatif il était question de demander l'évacuation de Rome par nos troupes ; c'est une mesure dont les conséquences seraient si graves dans les circonstances actuelles, qu'il est impossible de supposer, en admettant un tel vœu, que le gouvernement y accède. En effet, c'est une rupture tacite avec l'Autriche, c'est faire une sorte de pacte avec la démocratie italienne, enfin c'est presque s'engager sans retour dans la politique aventureuse du Piémont.

A d'autres points de vue, l'abandon du Saint-Siége aurait des conséquences non moins funestes. La France perd dans l'Europe catholique toute l'influence qu'elle y exerçait en protégeant les intérêts de l'Église.

Au sein de la France, cette politique porte un coup mortel au culte catholique qui n'est que trop ébranlé par les doctrines fatales que le XVIIIe siècle a fait entrer dans nos idées et dans nos mœurs. Irons-nous au protestantisme? ou nous confierous-nous à ces insensés qui nous offrent des religions de leur invention? Les événements nous font glisser sur cette pente, il ne faut pas qu'on l'ignore.

Quoi! cette religion, si grande, si belle, si resplendissante de poésie, qui est celle de la vieille France, de toutes nos vieilles gloires, de toutes nos traditions, serait remplacée par les spectres hideux et glacés qu'on nous présente. Ce n'est pas la religion que l'on attaque, dit-on, ce sont les prêtres, c'est le Pape, c'est le pouvoir temporel; banalités misérables, indignes d'un grand peuple comme la France.

A mesure qu'elle s'éloigne de cette religion sublime ne voit-on pas que son génie s'affaiblit; dans les lettres, dans les arts, dans les mœurs, tout se rapetisse, tout s'obscurcit dans notre civilisation depuis qu'elle n'est plus éclairée par ce divin flambeau.

La séparation du pouvoir temporel et du pouvoir spirituel est une idée à laquelle l'esprit public s'attache avec une opiniâtreté invincible; rien n'a pu prévaloir contre elle, ni la voix des défenseurs de la papauté, ni les inspirations officieuses du gouvernement français, ni la perspective des dangers qui menacent le repos de l'Europe; on comprend toutefois que cet événement qui est la consommation de tout un passé encore debout ne puisse s'accomplir sans une secousse profonde, terrible. Que restera-t-il sous les ruines qui se préparent? Toutes les haines, tous les ressentiments qui agitent l'Europe, attendent le signal qui doit les déchaîner; au fond c'est une guerre de principes implacables, et le nombre ne semble pas être, pour le moment, du côté de la France. On comprend dès lors aisément que dans des circonstances aussi solennelles, l'Empereur n'ait pas voulu se charger d'engager à lui seul le destin de la France; la mission du Corps législatif est donc singulièrement redoutable, car le repos de l'Europe dépend peut-être en ce moment du vœu qu'il émettra ; il semble que ce soit confier tout à coup un rôle bien périlleux à une Assemblée dont la position avait été si effacée jusqu'alors; elle va parler pour la nation, c'est une terrible charge à l'heure qu'il est.

Les intérêts politiques et religieux de la France sont liés en somme au maintien du Souverain-Pontife ; c'est là ce que le public ne paraît pas bien comprendre et qu'il aurait été utile de lui prouver. Il n'est certainement pas possible de douter de la sympathie et du dévouement de l'Empereur pour le Saint-Père ; mais que faire contre le courant populaire, dans un État surtout qui prétend à la démocratie ? Montesquieu dit lui-même qu'en pareil cas les gouvernements sont obligés de se diriger dans le sens de l'opinion, alors même qu'ils en réprouvent les écarts; peut-être cette observation explique-t-elle, en partie, ce qui s'est passé.

Quoi qu'il en soit, la France a posé, dès le principe, la question d'Italie; c'est à elle de la résoudre, mais conformément à ses véritables intérêts, à ses traditions, à son culte; elle doit la résoudre parce que les grandes puissances de l'Europe en font peser moralement sur elle toute la responsabilité, et qu'elles ne demanderaient peut-être pas mieux que de la résoudre contre elle si elles en avaient le pouvoir.

IV

Ce qu'il y a de fatal aussi pour la France, dans les événements qui se préparent en Europe par suite de la révolution Italienne, c'est qu'ils ajournent peut-être pour longtemps les réformes devenues nécessaires à l'intérieur.

Parmi celles qui réclament le plus instamment l'attention du Corps législatif, il faut compter au premier rang celle de la Décentralisation. On peut dire d'ailleurs que cette réforme comprend toutes les autres et qu'elle les entraînera toutes successivement.

Ainsi la Décentralisation, qu'on le veuille ou non, devra modifier tôt ou tard, dans son application, le suffrage universel, l'organisation administrative et jusqu'à la distribution des pouvoirs.

Il ne faut pas s'y tromper, la Décentralisation sur cette vaste échelle est, dans un avenir plus ou moins éloigné, la conséquence inévitable de l'évolution qui s'est accomplie dans le mouvement général des idées. Il n'y a pas d'autre moyen de rendre la vie au corps social, qui s'atrophie, qui meurt d'épuisement ; c'est moins la liberté qu'il s'agit de rendre à la France que l'exercice de la vie politique ; j'avoue qu'il m'est impossible de comprendre ce que signifie ce mot de liberté, si le pays doit rester étranger à l'administration de ses intérêts ; si la liberté ne devait avoir d'autre but que de rendre à la Presse le droit de parler un peu plus haut, ce ne serait vraiment qu'une puérilité; qu'est-ce que la Presse auprès du pays tout entier? C'est le pays qui demande une certaine indépendance; la Presse perdra d'elle-même son importance le jour où la vie publique se réveillera.

Il ne saurait être question ici, on le pense bien, de théories aventureuses; loin de rompre avec le passé, nous nous y rattachons au contraire; il ne s'agit pas en effet de faire du nouveau, mais de revenir à ce qui était autrefois, de ranimer la commune, de rendre au pays une partie de l'administration, d'après un système de division des pouvoirs que l'on retrouve dans tous les États sagement pondérés et dont la France jouissait avant la Révolution.

Je suis loin de méconnaître les avantages qu'il peut y avoir pour un grand pays comme la France à vivre sous un système de pouvoirs fortement concentrés; mais cette concentration ne doit pas aller jusqu'à absorber toutes les forces vives du pays, à refouler toutes les initiatives, à paralyser tout essor, toute indépendance, toute manifestation; ne voit-on pas que c'est à cet état qu'est arrivé la France, à l'heure qu'il est? Elle est tellement endolorie de la pression qui a été exercée sur sa surface, qu'elle semble incapable de sortir de son engourdissement au moment où le chef de l'État se détermine à la consulter.

On oublie que la centralisation telle qu'elle est organisée aujourd'hui, est un appareil forgé par des nécessités politiques qui n'existent plus. La concentration de l'administration et du gouvernement dans une seule main pouvait être nécessaire et l'était en effet au sortir de la révolution, quand il fallait comprimer tous les intérêts locaux pour les empêcher de réagir contre elle; mais aujourd'hui l'œuvre de la révolution est entièrement accomplie, il n'ya plus de provinces, il n'y a plus de coutumes, il n'y a plus de parlements, il n'y a plus d'aristocratie. Tout ce qui pouvait résister au flot de la révolution a été emporté; comment la France resterait-elle sous l'empire d'un régime que rien ne justifie plus et qui est même contraire à l'esprit du règne qui s'appuie sur la démocratie?

C'est en vérité par un étrange abus de mots qu'on applique ce terme à nos institutions politiques, à nos mœurs, à nos tendances. Les mœurs et les tendances d'une nation ne changent jamais peut-être, et les nôtres sont essentiellement monarchiques ; nous personnifions toutes nos gloires, toutes nos idées, tous nos principes, rien n'est plus contraire à l'esprit démocratique; je le demande à tous les hommes de bon sens, qu'y-a-il de démocratique dans une organisation où le peuple ne nomme ni ses ministres, ni ses généraux, ni ses magistrats? Il faudrait au moins avoir l'idée de ce que c'est qu'une démocratie avant de répéter que nous vivons sous un tel régime.

Le principe d'une telle organisation c'est que toutes les élections soient entre les mains du peuple. Dira-t-on qu'il en est ainsi, en ce sens que l'Empereur a été élu par le suffrage universel, et que, mandataire du peuple, il exerce, au nom du peuple, tous les droits d'élection qui appartiennent à ce dernier? Je ne dis pas le contraire, mais ce serait faire un sophisme que de conclure de là que nous sommes en démocratie; car toute dynastie, si l'on remonte à sa source, repose en définitive sur le vœu de la nation, sur ce qu'on appelle aujourd'hui le suffrage universel; il est bien peu habile aux légitimistes de ne pas reconnaître ce principe; mais encore une fois cela n'a rien de commun avec les institutions démocratiques qui ne permettent jamais à une nation de se lier que temporairement par le contrat qu'elle forme avec les chefs du pouvoir.

Qu'on ne nous parle donc plus de la démocratie française et que ce mot banal, contraire à la vérité, contraire à nos instincts, contraire à notre organisation politique, disparaisse du vocabulaire français en ce qui nous concerne.

Nous sommes monarchiques, tout ce qu'il y a de plus monarchiques; on peut très-bien vivre avec cette forme de gouvernement à la condition, pour nous, de l'approprier aux progrès accomplis dans nos idées et dans nos mœurs; mais au point de vue de la liberté, c'est reculer de plusieurs siècles en arrière que de dépouiller le pays de certains suffrages, de ceux-là seuls qu'il peut exercer en connaissance de cause.

On conçoit très-bien que les agents directs du pouvoir exécutif, tels que les ministres, les préfets, soient nommés par lui; mais par quelle confusion d'attribution les maires et jusqu'aux juges de paix sont-ils à la nomination du pouvoir? Ce que nous disons là ne saurait aller à l'adresse du gouvernement actuel, puisqu'il a succédé à un ordre de choses déjà établi; mais il n'en est pas moins vrai qu'une modification à cet égard est réclamée par les véritables intérêts du pays et par ceux mêmes du gouvernement.

Le pays, je le sais, nomme ses députés—nous reviendrons tout à l'heure sur ce point.

Il nomme ses conseillers municipaux, ses conseillers cantonnaux, ses conseillers généraux; ces trois derniers droits de suffrage paraissent quelque chose; en réalité, ils sont illusoires. Dans ce pays de centralisation qui ne sait que l'on rapporte tout au chef de ces conseils? La commune se personnifie dans le maire, le canton dans le président de l'assemblée de canton, le conseil général dans le président de ce conseil. Les électeurs se mettent fort peu en peine de ces nominations partielles parce qu'ils ne voient pas bien l'influence que leur vote ainsi disséminé peut avoir sur la direction des affaires; aussi négligent-ils de voter. Puisque le gouvernement nomme tous les fonctionnaires publics, tous les agents directs, tous les agents auxiliaires, tous les chefs de conseil, pourquoi ne nomme-t-il pas aussi les membres de ces conseils? ce serait logique du moins.

Ne pas voir les inconvénients d'un tel système, c'est fermer les yeux sur des dangers terribles : le relâchement de la moralité publique, le détachement du pays de ses intérêts et sa désaffection, son insouciance pour tous les gouvernements. Croit-on que Napoléon Ier, Charles X, Louis-Philippe, fussent tombés, comme ils ont fait, au premier souffle si l'on avait voulu rendre quelque vigueur à la commune, si au lieu de fonctionnaires étrangers aux intérêts et à l'esprit des villes, on avait mis à leur tête des chefs pris dans leurs sein et nommés par elles ? Mais quoi! dès que la tête est abattue tous les membres sont tranchés ; c'est la statue aux pieds d'argile que la centralisation. A la première commotion, le corps politique gît par terre impuissant à se relever. Pour renverser la vieille dynastie des Bourbons, il a fallu vingt ans de guerre avec toute l'Europe ; mais c'est qu'elle avait, il faut le dire, d'autres racines encore que la commune ; il y avait des corps politiques indépendants, un parlement, une aristocratie, un clergé indépendant lui aussi. Quelles bases, quelles assises, quelles digues y a-t-il au flot des révolutions dans un système politique comme le nôtre, où le trône ne s'appuie sur rien? Ah! il y a de sombres problèmes pour la France dans une pareille organisation ; elle est comme l'océan qui bat incessamment ses rivages, heureux quand il ne dévaste pas les contrées, quand il n'engloutit pas les continents ; car cette nation terrible est comme la mer aussi, elle détruit sans se détruire elle-même, grâce à Dieu ! Mais cette pensée va trop loin et je la repousse. La France porte partout, je le sais, son flot civilisateur. Jusqu'à présent, elle a fait du bien à tout le monde, elle n'a fait du mal qu'à elle-même. Elle n'a cessé de travailler pour les autres nations ; qu'elle travaille donc un peu pour elle maintenant.

Le droit de suffrage le plus réel, le plus positif, c'est celui que nous avons de nommer nos députés ; mais il y a là des abîmes encore. Il ne saurait venir à la pensée de personne d'attaquer le suffrage universel ; il est la base de notre constitution, il est d'ailleurs, comme je crois l'avoir dit, le fondement de toutes les dynasties ; mais comme les meilleures choses, il peut être faussé dans son application ; il demande à être interprété sainement.

Il y a mille objections à lui présenter tel qu'il est entendu : je n'en ferai valoir qu'une. N'y a-t-il pas un danger réel pour un gouvernement quel qu'il soit à prodiguer le suffrage à ceux qui ne veulent ni ne peuvent l'exercer, pour l'enlever en fait à ceux-là seuls qui ont les lumières indispensables et le temps matériel nécessaire pour vaquer à la chose publique ? Le peuple en France, comme partout ailleurs, est doué d'instincts merveilleux pour deviner dans les temps de crise les hommes qui sont en état de le conduire ; mais dans une organisation sociale comme la nôtre, quand tout est rentré dans l'ordre, le public en masse, outre que le temps lui manque, n'est peut-être pas en état d'exercer avec discernement la grave mission qui lui est confiée ; si de telles idées sont fausses et nous ne demanderions pas mieux, pourquoi néglige-t-il de voter ? pourquoi le gouvernement lui-même croit-il devoir opposer ses candidats à ceux des divers partis dont la France se compose ? C'est fort juste et fort judicieux sans doute, mais cela ne prouve que mieux de quels écueils est environné le suffrage universel direct. Mettre le nombre contre les minorités intelligentes, c'est jouer gros jeu, c'est risquer de s'aliéner aussi ceux qui possèdent et qui sont intéressés par leur position au maintien de l'ordre ; c'est annihiler l'élément conservateur dans un pays qui n'est déjà que trop voué aux révolutions. Pourquoi ne pas exercer le suffrage universel avec le moyen terme que nous avons essayé d'indiquer tout à l'heure ? Ne peut-on pas par exemple rendre au peuple la nomination des maires, des adjoints, des juges de paix, et laisser à la propriété une partie de sa prépondérance pour les suffrages des députés? On comprend que nous n'avons pas ici la prétention d'entrer dans le fond de la question et d'indiquer une solution précise; ce serait une témérité injustifiable; nous n'avons voulu qu'indiquer dans la faible mesure du sens commun, l'une des préoccupations les plus graves des hommes éclairés.

La Décentralisation est réclamée par les intérêts les plus urgents et elle implique, comme on le voit, cette dernière et redoutable question.

Le gouvernement a pris l'initiative en cette matière comme dans toutes les autres; c'est une justice que lui doivent tous les hommes sincères. Toutefois la Décentralisation dont nous parlons ne consiste pas à déposer la surcharge du pouvoir dans les mains des agents directs, mais entre les mains du pays lui-même. L'Empereur ne fait point passer son génie et sa modération à ceux auxquels il confie l'administration; il y a trop de péril et trop peu d'avantages à la voir exercer, dans une si vaste mesure, par ces terribles zélateurs que l'on appelle des préfets. Que le pays agisse, que le pays parle, ou nos départements ne sont que des satrapies, ou la France retourne au temps du Bas-Empire.

Mais de tels résultats sont impossibles; des temps plus calmes ramèneront en temps utile ces problèmes et en prépareront la solution.

VI

Dans le rapide tableau qui précède et que nous avons retracé trop hâtivement pour nous dissimuler ses imperfections, nous n'avons pas parlé du discours de la Couronne; c'est que l'intérêt le plus vif de la situation n'est pas précisément là. La politique générale du gouvernement, jusqu'ici du moins, est connue; toutefois il est évident qu'elle se formulera avec une plus grande précision dans cette circonstance, afin de permettre au Corps législatif d'en saisir distinctement tous les traits et de fournir un texte plus clair à sa réponse.

Il n'est pas besoin de dire que la Chambre ne sera que l'organe du pays en exprimant sa gratitude à l'Empereur pour tant de grands services rendus par lui à la France dans le cours d'un règne qui compte autant d'actions que de jours, et dont l'incontestáble grandeur marquera une large place dans l'histoire.

Mais nos institutions si belles qu'elles soient manquent de base encore. La véritable formule de notre organisation politique est-elle trouvée? Il n'est pas possible de le croire. Quand la Presse a égaré et divisé l'esprit public, quand la vieille religion de nos pères est menacée ; quand un régime de centralisation accablant a fait disparaître la vie locale et usé partout les ressorts, on est fondé à croire que nous ne sommes encore qu'au début de notre réorganisation politique. La Révolution, en nous faisant rompre violemment avec le passé, a brisé des liens qui doivent renaître, qui renaîtront. Les transformations que subissent les peuples dans le cours des siècles peuvent changer la forme des institutions ; mais les principes sont immuables, et c'est une nécessité d'y revenir si nous voulons fermer, comme on l'a dit, l'abîme des révolutions.

Typographie Ernest Meyer, 22, rue de Verneuil, à Paris.